FACULTÉ DE DROIT DE TOULOUSE

PLAN

DU

COURS DE DROIT COMMERCIAL

M. Henry BONFILS, professeur titulaire.

INTRODUCTION.

I. — Objet du droit commercial. — Sa raison d'être.

II. — Histoire externe du Droit commercial : ses sources :
*Consulat de la mer. — Rooles d'Oleron. — Droit maritime
de Wisby. — Recès de la Hanse. — Table d'Amalfi. — Guidon
de la mer. — Edits* des rois de France Louis XI, François Ier, Charles IX, Henri III, Henri IV.

Ordonnance de mars 1673. — Sa rédaction. — Son contenu. — Son autorité. — Ses commentateurs.

Ordonnance de la marine d'août 1681. — Sa rédaction. —
Son contenu. — Son autorité. — Ses commentateurs.

III. — Sources actuelles du Droit commercial. — CODE DE
COMMERCE. — Sa rédaction. — Son contenu et ses divisions. — Lois postérieures complémentaires ou dérogatoires. — Usages. — Relations du Droit commercial et
du Droit civil.

LIVRE PREMIER

DU COMMERCE EN GÉNÉRAL.

PREMIÈRE PARTIE.

Des actes de commerce et des commerçants.

TITRE PREMIER.

DES ACTES DE COMMERCE (Cod. Liv. IV, tit. 2).

SECTION PREMIÈRE. — De l'utilité de la détermination des actes de commerce.

SECTION II. — Quels sont les actes de commerce.

§ 1er. — Des actes commerciaux par leur nature.

§ 2. — Des actes commerciaux par l'autorité de la loi.

§ 3. — Des actes réputés commerciaux à raison de la qualité de leurs auteurs ou du lien qui les rattache à un acte commercial principal.

TITRE II.

DES COMMERÇANTS ET DE LEURS OBLIGATIONS.
(Cod. Liv. I, tit. I, 2 et 4).

SECTION PREMIÈRE. — De l'intérêt de la distinction des commerçants et des non-commerçants.

SECTION II. — Qui est commerçant.

SECTION III. — De la liberté de faire le commerce et des restrictions qu'elle subit.

Section IV. — De la capacité requise pour faire le commerce.

    A. — Du mineur.

    B. — De la femme mariée.

Section V. — Des obligations spéciales aux commerçants.

  § 1er. — Des livres de commerce.

    A. — Des livres de commerce et de leur tenue.   .

    B. — De la communication et de la représentation des livres de commerce.

    C. — Notions élémentaires de comptabilité commerciale.

  § 2. — De la publicité du régime matrimonial des commerçants.

    A. — Publicité du contrat de mariage.

    B. — Publicité des divorces, des séparations de corps et de biens.

TITRE III.

DES SOCIÉTÉS COMMERCIALES (Cod. Liv. I, tit. 3).

Historique.

CHAPITRE PREMIER.

NOTIONS GÉNÉRALES SUR LE CONTRAT DE SOCIÉTÉ.

Section première. — Caractères et éléments du contrat de société.

Section II. — Droits et obligations des associés.

Section III. — Intérêt de la distinction des sociétés civiles et des sociétés commerciales.

CHAPITRE II.

DES SOCIÉTÉS COMMERCIALES EN GÉNÉRAL.

Section première. — Division des sociétés en deux clas-

ses : 1º Sociétés de personnes ou par intérêt ; — 2º sociétés de capitaux ou par actions ; — critérium de la distinction de l'*intérêt* et de l'*action*.

SECTION II. — Personnalité juridique des sociétés commerciales et ses conséquences.

SECTION III. — De la forme et de la publication des sociétés commerciales.

    A. — Forme.

    B. — Publication.

      a. — Modes de publicité pour toutes les sociétés.

      b. — Modes de publicité pour les sociétés par actions.

    C. — Conséquences de l'inobservation des règles relatives à la forme des actes de société et à leur publication.

CHAPITRE III.

DES DIVERSES ESPÈCES DE SOCIÉTÉS COMMERCIALES.

PREMIÈRE CATÉGORIE. — DES SOCIÉTÉS DE PERSONNES OU PAR INTÉRÊT.

Conditions de fond requises pour la constitution des sociétés de personnes et sanction de ces conditions.

SECTION PREMIÈRE. — Sociétés en nom collectif.

    § 1er. — Caractères distinctifs de ces sociétés.

    § 2. — Gestion et administration.

    § 3. — Engagements sociaux et leurs effets.

SECTION II. — Sociétés en commandite simple ou par intérêt.

    § 1er. — Nature de ces sociétés.

    § 2. — Gestion et administration.

    § 3. — Droits et obligations des commandités et des commanditaires.

DEUXIÈME CATÉGORIE. — DES SOCIÉTÉS DE CAPITAUX OU PAR ACTIONS.

Généralités. — Historique.

SECTION PREMIÈRE. — Des actions et des obligations.

§ 1er. — Des diverses espèces d'actions : — de capital ; de fondation ; industrielles ; — de priorité ; de jouissance ; — parts de fondateurs.

§ 2. — Des obligations : — simples ; à primes ; à lots ; — hypothécaires ; — conversion ; — remboursement anticipé. — Vente à tempérament.

§ 3. — Comparaison des actions et des obligations. — Leurs ressemblances et leurs différences ; — faillite de la société.

§ 4. — Formes des titres. — Modes de transmission.

§ 5. — Droits et obligations des actionnaires. — Négociabilité des actions. — Mise au porteur. — Responsabilité des souscripteurs, cessionnaires et détenteurs. — Dividendes fictifs. — Dividendes d'actions amorties. — Déchéance.

§ 6. — Loi du 15 juin 1872.

§ 7. — Impôts.

SECTION II. — Conditions de fond pour la constitution des sociétés de capitaux.

§ 1er. — Division du capital social et taux des actions.

§ 2. — Souscription du capital et versement du quart.

§ 3. — Vérification des apports en nature et des avantages particuliers.

§ 4. — Établissement d'un conseil de surveillance dans la société en commandite.

§ 5. — Nomination des administrateurs et commissaires dans la société anonyme.

§ 6. — Prorogation, fusion et transformation, sous les lois du 24 juillet 1867 et du 1er août 1893, des sociétés antérieurement constituées.

SECTION III. — Société en commandite par actions.

§ 1er. — Des gérants.

A. — Fonctions des gérants.

B. — Responsabilité des gérants.

§ 2. — Du conseil de surveillance.

    A. — Fonctions du Conseil.

    B. — Responsabilité des membres du Conseil.

§ 3. — Assemblée générale. — Ses pouvoirs.

Section IV. — Société anonyme.

    § 1er. — Caractères généraux de cette société.

    § 2. — Assemblée générale. — Ses pouvoirs.

    § 3. — Des administrateurs.

        A. — Pouvoirs des administrateurs.

        B. — Responsabilité des administrateurs.

    § 4. — Des commissaires de contrôle.

        A. — Fonctions des commissaires.

        B. — Responsabilité.

Section V. — Actions judiciaires. — Compétence.

CHAPITRE IV.

SOCIÉTÉ A CAPITAL VARIABLE.

§ 1er. — Caractères de cette société. — Des associations en vue desquelles elle est autorisée.

§ 2. — Règles communes à toutes les sociétés à capital variable.

§ 3. — Règles spéciales aux sociétés par actions.

CHAPITRE V.

THÉORIE GÉNÉRALE DES NULLITÉS EN MATIÈRE DE SOCIÉTÉ.

§ 1er. — Cas de nullité. — Son caractère.

§ 2. — Par quelles personnes et contre quelles personnes la nullité d'une société commerciale peut être demandée.

§ 3. — Effets de la nullité dans le passé et dans l'avenir.

§ 4. — Responsabilités civiles résultant de la nullité.

DEUXIÈME PARTIE.

Des contrats commerciaux.

TITRE PREMIER.

RÈGLES COMMUNES A TOUS LES CONTRATS COMMER-
CIAUX. — DES PREUVES EN MATIÈRE COMMERCIALE
(Cod. Liv. I, tit. 7).

TITRE II.

DU PRÊT COMMERCIAL.

TITRE III.

DE LA VENTE COMMERCIALE.

SECTION PREMIÈRE. — Règles générales.
SECTION II. — Des différentes espèces de vente.

TITRE IV.

DU GAGE COMMERCIAL, DES MAGASINS GÉNÉRAUX ET
DES WARRANTS (Cod. Liv. I, tit. 6).

CHAPITRE PREMIER.

DU GAGE COMMERCIAL.

SECTION PREMIÈRE. — Constitution du gage.
SECTION II. — Droits du créancier gagiste.
SECTION III. — Du gage établi au profit de certains établis-
sements.

CHAPITRE II.

DES MAGASINS GÉNÉRAUX ET DES WARRANTS.

SECTION PREMIÈRE. — Création des magasins généraux.

SECTION II. — Négociations auxquelles donnent lieu les marchandises déposées. — Warrants. — Récépissés.

SECTION III. — Droits et obligations des propriétaires des magasins généraux.

TITRE V.

DE LA COMMISSION (Cod. Liv. I, tit. 6).

SECTION PREMIÈRE. — Nature et objet de la commission.

SECTION II. — Formation et preuve du contrat de commission.

SECTION III. — Obligations du commissionnaire envers le commettant.

SECTION IV. — Obligations du commettant envers le commissionnaire.

SECTION V. — Effets à l'égard des tiers des actes du commissionnaire.

SECTION VI. — Garanties spéciales des droits du commissionnaire et du commettant.

SECTION VII. — Des causes qui mettent fin à la commission.

TITRE VI.

DU CONTRAT DE TRANSPORT (Cod. Liv. I, tit. 6).

CHAPITRE PREMIER.

RÈGLES GÉNÉRALES.

SECTION PREMIÈRE. — Nature, formation et preuve du contrat.

§ 3. — Endossement de garantie.

SECTION III. — Garanties du payement.

§ 1er. — Provision.

§ 2. — Acceptation.

  A. — Formes.

  B. — Effets.

  C. — Refus d'acceptation.

  D. — Effets de la faillite après acceptation.

  E. — Acceptation par intervention.

§ 3. — Aval.

§ 4. — Solidarité.

SECTION IV. — Du payement et du refus de payement.

§ 1er. — Payement normal.

  A. — Conditions de validité.

  B. — Du cas de perte de la lettre de change.

§ 2. — Refus de payement.

  A. — Payement par intervention.

  B. — Droits du porteur.

  C. — Devoirs du porteur.

  D. — Recours des coobligés entre eux.

§ 3. — Extinction des actions résultant de la lettre de change.

  A. — Déchéance du porteur négligent.

  B. — Prescription.

SECTION V. — De la lettre de change en Droit international.

— Congrès d'Anvers. — Législations étrangères.

CHAPITRE II.

DU BILLET A ORDRE.

CHAPITRE III.

DU CHÈQUE.

TITRE VIII.

DES OPÉRATIONS DE BANQUE ET DU COMPTE COURANT.

Section première. — Des opérations de banque.
Section II. — Du compte courant.

TITRE IX.

DES BOURSES DE COMMERCE ET DES OPÉRATIONS DE BOURSE (Cod. Liv. I, tit. 5).

CHAPITRE PREMIER.

DES BOURSES D'EFFETS PUBLICS.

Section première. — Des opérations réalisées à la Bourse.
§ 1er. — Valeurs négociables à la Bourse.
§ 2. — Opérations au comptant.
§ 3. — Opérations à terme.
Section II. — Des agents de change. — Historique.
§ 1er. — Organisation. — Nomination. — Conditions d'aptitude.
§ 2. — Chambre syndicale. — Attributions.
§ 3. — Fonctions des agents de change.
§ 4. — Obligations professionnelles.
§ 5. — Monopole des agents de change.
§ 6. — Coulisse.

CHAPITRE II.

DES BOURSES DE MARCHANDISES.

Section première. — Des opérations sur marchandises.
Section II. — Des courtiers.

LIVRE III

DES LIQUIDATIONS JUDICIAIRES, FAILLITES ET BANQUEROUTES.

TITRE PREMIER.

DE LA FAILLITE ET DE LA LIQUIDATION JUDICIAIRE.

CHAPITRE PREMIER.

DÉCLARATION DE LA FAILLITE OU DE LA LIQUIDATION ET DE LEURS EFFETS.

SECTION PREMIÈRE. — Déclaration de la faillite ou de la liquidation.

§ 1er. — Personnes pouvant être déclarées en faillite ou en état de liquidation.

§ 2. — Qui peut provoquer déclaration.

§ 3. — Causes et conditions intrinsèques de l'état de faillite ou de liquidation.

§ 4. — Epoque et formes de la déclaration.

§ 5. — Caractère du jugement déclaratif. — Compétence. — Voies de recours contre le jugement.

SECTION II. — Effets du jugement déclaratif.

§ 1er. — Effets dans l'avenir.

A. — Dessaisissement.

B. — Suspension des voies d'exécution individuelles.

C. — Exigibilité anticipée des créances.

D. — Cessation du cours des intérêts.

E. — Interdiction de toute nouvelle inscription de privilège ou d'hypothèque.

F. — Hypothèque générale au profit de la masse.

G. — Incapacités qui frappent le failli ou le négociant en état de liquidation.

§ 2. — Effets produits rétroactivement dans le passé.

A. — Actes nuls de plein droit.

B. — Actes annulables.

C. — Actes valables sous certaines conditions.

CHAPITRE II.

ADMINISTRATION ET PROCÉDURE PRÉPARATOIRE.

SECTION PREMIÈRE. — Personnel de la faillite ou de la liquidation.

§ 1er. — Syndics ou liquidateurs.

§ 2. — Juge-commissaire.

§ 3. — Tribunal.

§ 4. — Créanciers. — Contrôleurs.

§ 5. — Failli ou débiteur en état de liquidation.

SECTION II. — Mesures concernant la personne du failli.

SECTION III. — Mesures relatives aux biens.

§ 1er. — Actes préparatoires à l'administration.

§ 2. — Actes relatifs à l'administration du patrimoine du failli ou du débiteur en état de liquidation.

§ 3. — Procédure préparatoire de la solution de la faillite. — Etablissement de la liste des créanciers et de la quotité de leurs droits. — Vérification et affirmation des créances.

CHAPITRE III.

DES DIVERS DROITS QUI PEUVENT ÊTRE INVOQUÉS CONTRE UNE FAILLITE OU DANS UNE LIQUIDATION JUDICIAIRE.

SECTION PREMIÈRE. — De la revendication.

SECTION II. — Des privilèges et hypothèques.

SECTION III. — Des droits de la femme du failli.

SECTION IV. — Des droits des créanciers garantis par la solidarité ou par un cautionnement.

CHAPITRE IV.

CLOTURE DE LA LIQUIDATION JUDICIAIRE OU DE LA FAILLITE.

A. — *Clôture de la liquidation judiciaire.*
    Concordat. — Concordat par abandon. — Déchéance du débiteur.

B. — *Clôture de la faillite.*

SECTION PREMIÈRE. — Clôture pour insuffisance d'actif.

SECTION II. — Concordat.
    § 1er. — Formation du concordat.
    § 2. — Homologation du concordat.
    § 3. — Effets du concordat.
      A. — Effets légaux.
      B. — Effets conventionnels.
    § 4. — Exécution du concordat.
    § 5. — Annulation et résolution du concordat.
      A. — Causes.
      B. — Effets.

SECTION III. — Union.
    § 1er. — Organisation de l'union.
    § 2. — Opérations de l'union.
      A. — Réalisation de l'actif.

B. — Répartition de deniers.

§ 3. — Clôture de l'union.

SECTION IV. — Concordat par abandon.

PREMIER APPENDICE. — De la faillite des sociétés.

DEUXIÈME APPENDICE. — Situation des étrangers et conflits des lois en matière de faillite. — Congrès internationaux.

TITRE II.

DES BANQUEROUTES.

TITRE III.

DE LA RÉHABILITATION.

LIVRE II

DU COMMERCE MARITIME.

En vertu des décrets des 24 juillet 1889, 31 juillet 1891 et 30 avril 1895, cette partie du Code de commerce fait l'objet du cours semestriel de *Droit maritime*.

LIVRE IV

DE LA JURIDICTION COMMERCIALE.

N. B. — Les matières contenues dans le livre quatrième du Code de Commerce sont expliquées au Cours de procédure civile. — Les articles 632, 633, 634, 636, 637 et 638 sont commentés au Titre Ier de la première partie du Livre I du présent cours de Droit commercial.

www.ingramcontent.com/pod-product-compliance
Lightning Source LLC
Chambersburg PA
CBHW050449210326
41520CB00019B/6130